学校 - shkolla · 2

旅行 - udhëtim · 5

輸送 - transport · 8

都市 - qytet · 10

風景 - peisazh · 14

レストラン - restorant · 17

スーパーマーケット - supermarket · 20

飲み物 - pije · 22

食べ物 - ushqim · 23

農場 - fermë · 27

家 - shtëpi · 31

リビングルーム - dhomë ndenjeje · 33

台所 - kuzhinë · 35

浴室 - tualet · 38

子供部屋 - dhomë fëmijësh · 42

衣服 - veshje · 44

オフィス - zyrë · 49

経済 - ekonomi · 51

職業 - profesionet · 53

道具 - mjete · 56

楽器 - instrumenta muzikorë · 57

動物園 - kopsht zoologjik · 59

スポーツ - sportet · 62

活動 - aktivitet · 63

家族 - familje · 67

体 - trupi · 68

病院 - spital · 72

救急 - emergjencë · 76

地球 - toka · 77

時計 - orë · 79

週 - javë · 80

年 - vit · 81

形 - forma · 83

色 - ngjyra · 84

反対 - të kundërta · 85

数 - numra · 88

言語 - gjuhët · 90

誰 / 何 / どう - kush / çfarë / si · 91

どこ - ku · 92

Impressum
Verlag: BABADADA GmbH, Nedderfeld 112 , 22529 Hamburg
Geschäftsführer / Verlagsleitung: Harald Hof
Druck: Books on Demand GmbH, In de Tarpen 42, 22848 Norderstedt

Imprint
Publisher: BABADADA GmbH, Nedderfeld 112 , 22529 Hamburg, Germany
Managing Director / Publishing direction: Harald Hof
Print: Books on Demand GmbH, In de Tarpen 42, 22848 Norderstedt, Germany

学校

shkolla

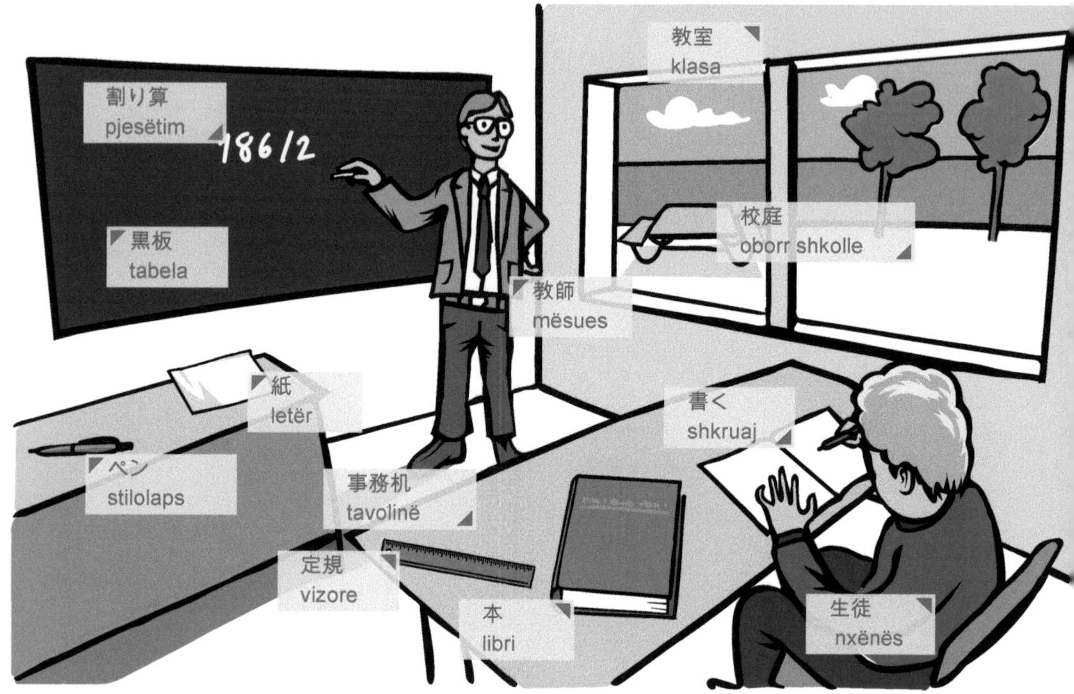

教室
klasa
割り算
pjesëtim
186/2
黒板
tabela
校庭
oborr shkolle
教師
mësues
紙
letër
書く
shkruaj
ペン
stilolaps
事務机
tavolinë
定規
vizore
本
libri
生徒
nxënës

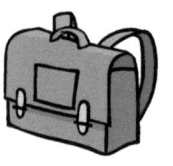

ランドセル

çantë

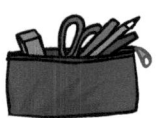

筆入れ

mbajtëse lapsash

鉛筆

laps

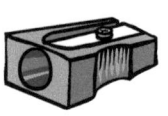

鉛筆削り

mprehës lapsash

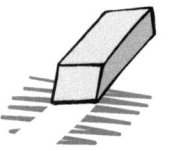

消しゴム

gomë

スケッチブック

fletore vizatimi

スケッチ
vizatim

絵筆
penel

絵の具箱
kuti bojërash

はさみ
gërshërë

接着剤
ngjitës

練習帳
fletore detyrash

宿題
detyrë shtëpie

12

数
numër

2+2

足し算
mbledh

5-2

引き算
zbres

2×2

かけ算
shumëzoj

計算する
llogaris

A

文字
gërmë

ABCDEFG
HIJKLMN
OPQRSTU
VWXYZ

アルファベット
alfabeti

hello

単語
fjalë

テキスト

tekst

読む

lexoj

チョーク

shkumës

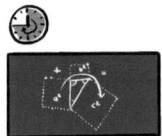

授業

mësim

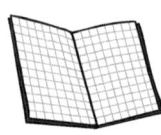

学級日誌

regjistër

試験

provim

通知表

çertifikatë

制服

uniformë shkolle

教育

arsimim

百科事典

enciklopedia

大学

universitet

顕微鏡

mikroskop

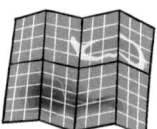

地図

hartë

ごみ箱

kosh letrash

旅行

udhëtim

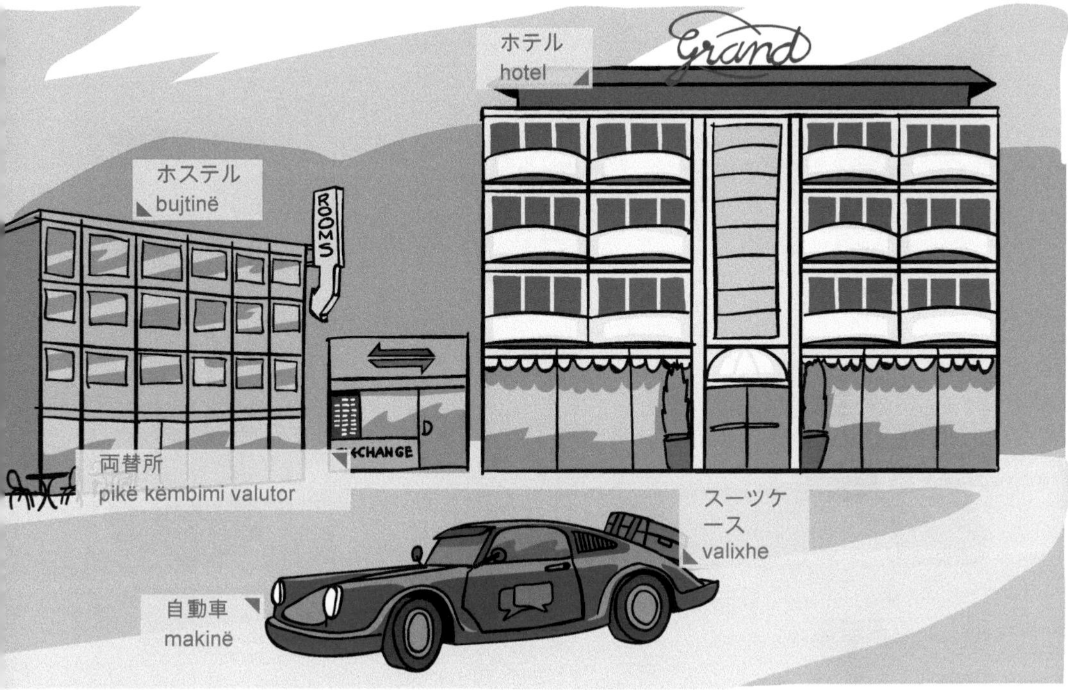

ホテル
hotel
Grand
ホステル
bujtinë
ROOMS
両替所
pikë këmbimi valutor
CHANGE
スーツケース
valixhe
自動車
makinë

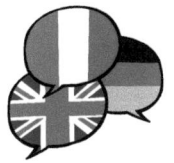

言語

gjuhë

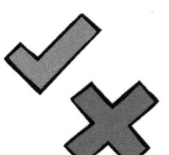

はい / いいえ

po / jo

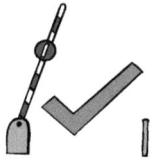

問題ない

Në rregull

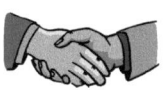

ハロー

ç'kemi

翻訳者

përkthyes

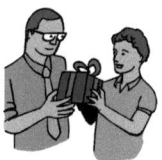

ありがとう

Faleminderit

…はいくらですか？

sa kushton…?

わかりません

nuk e kuptoj

問題

problem

こんばんは！

Mirëmbrëma!

おはようございます！

Mirëmëngjes!

おやすみなさい！

Natën e mirë!

さようなら

mirupafshim

方向

drejtim

手荷物

bagazhet

バッグ

çantë

リュックサック

çantë shpine

お客様

mysafir

部屋

dhomë

寝袋

thes gjumi

テント

tendë

旅行者情報

informacion për turistët

ビーチ

plazh

クレジットカード

kartë krediti

朝食

mëngjes

昼食

drekë

夕食

darkë

チケット

Biletë

エレベーター

ashensor

スタンプ

pulla

境界

kufi

税関

doganë

大使館

ambasadë

ビザ

vizë

パスポート

pasaportë

輸送

transport

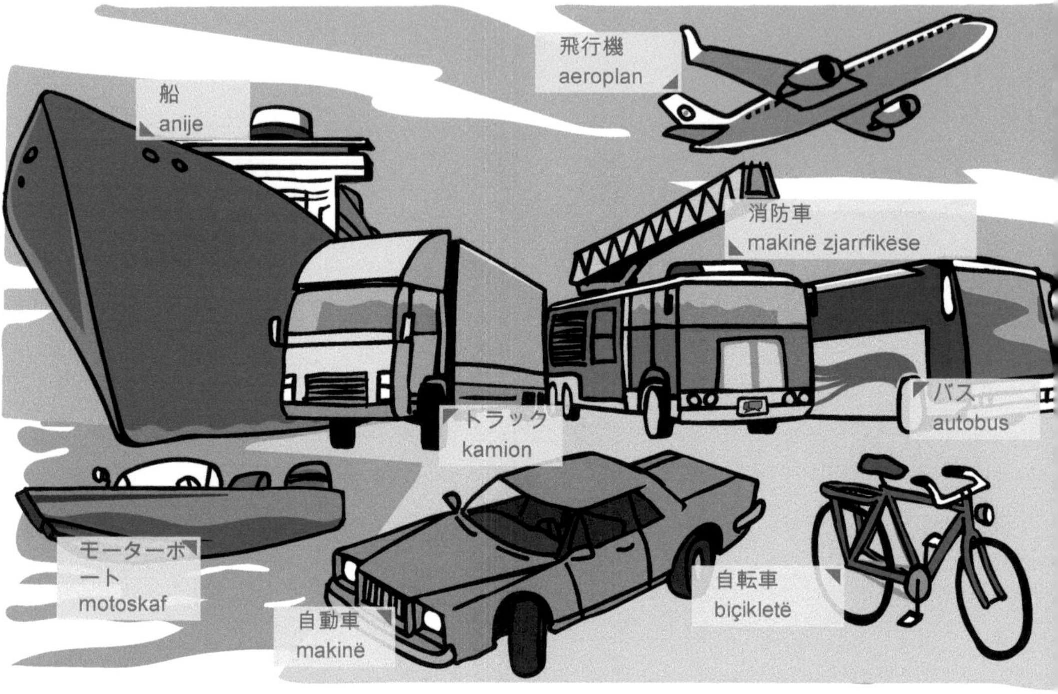

飛行機
aeroplan
船
anije
消防車
makinë zjarrfikëse
バス
autobus
トラック
kamion
モーターボート
motoskaf
自動車
makinë
自転車
biçikletë

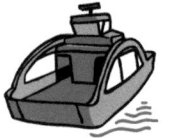

フェリー

traget

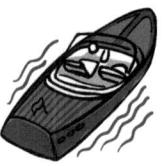

ボート

varkë

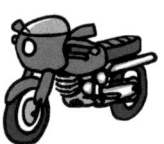

バイク

motoçikletë

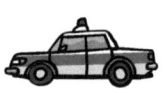

パトカー

makinë policie

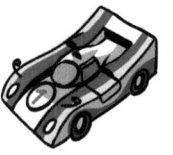

レーシングカー

makinë garash

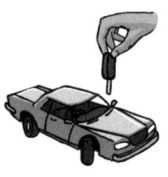

レンタカー

makinë me qira

カーシェアリング

ndarje e qirasë së makinës

レッカー車

karroatrec

ごみ収集車

makinë plehrash

モーター

motor

燃料

benzinë

ガソリンスタンド

pikë karburanti

交通標識

sinjalistikë trafiku

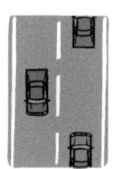

交通

trafik

渋滞

bllokim trafiku

駐車場

parkim makinash

駅

stacion treni

道

trase

列車

tren

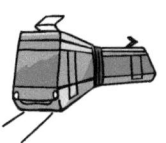

路面電車

tramvaj

車両

karro

ヘリコプター
helikopter

空港
aeroport

タワー
kullë

乗客
pasagjer

コンテナ
kontenier

段ボール箱
kuti kartoni

カート
qerre

カゴ
shportë

離陸 / 着陸
ngrihem / ulem

都市

qytet

村
fshat

都心
qendra e qytetit

家
shtëpi

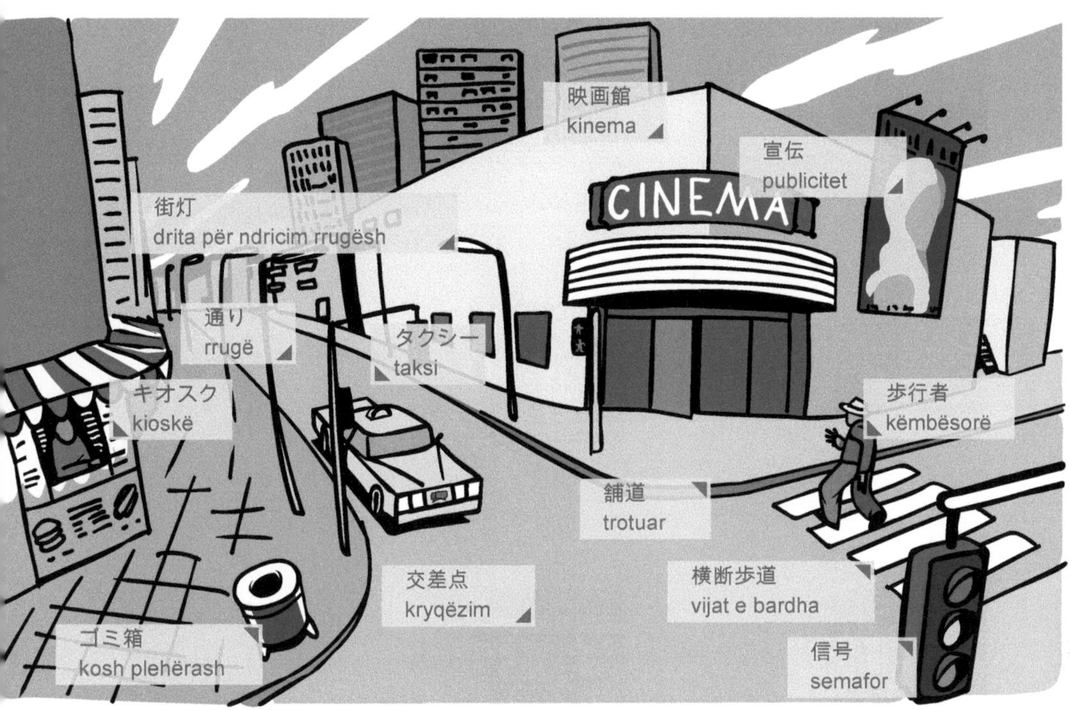

映画館
kinema
宣伝
publicitet
CINEMA
街灯
drita për ndricim rrugësh
通り
rrugë
タクシー
taksi
キオスク
kioskë
歩行者
këmbësorë
舗道
trotuar
交差点
kryqëzim
横断歩道
vijat e bardha
ゴミ箱
kosh plehërash
信号
semafor

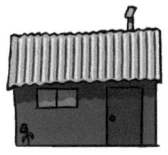

小屋

kasolle

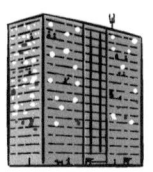

アパート

apartament

駅

stacion treni

市役所

bashki

MUSEUM
美術館

muze

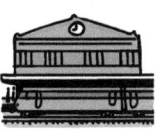

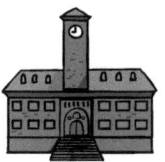

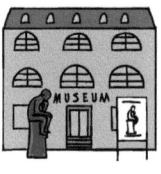

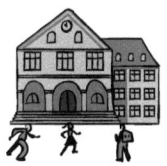

学校

shkolla

大学

universitet

銀行

bankë

病院

spital

ホテル

hotel

薬局

farmaci

オフィス

zyrë

書店

librari

ショップ

dyqan

花屋

dyqan lulesh

スーパーマーケット

supermarket

市場

market

デパート

mapo

魚屋

dyqan peshku

ショッピングセンター

qëndër tregtare

港

port

公園

park

ベンチ

stol

橋

urë

階段

shkallë

地下鉄

metro

トンネル

tunel

バス停

stacion autobuzi

バー

bar

レストラン

restorant

ポスト

kuti postare

道路標識

sinjalistikë rrugore

パーキングメーター

kohëmatës parkimi

動物園

kopsht zoologjik

スイミングプール

pishinë

モスク

xhami

農場

fermë

汚染

ndotje

墓地

varrezë

教会

kishë

遊び場

shesh lojërash

寺

tempull

風景

peisazh

葉
gjethe

道標
tabela orientuese

道
rrugë

草地
livadh

石
gurë

木
pemë

ハイカー
ekskursionist

川
lumë

草
bar

花
lule

谷
luginë

山
kodër

湖
liqen

森
pyll

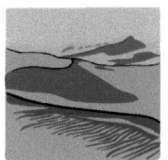

砂漠
shkretëtirë

火山
vullkan

城
kështjellë

虹
ylber

キノコ
kepudhë

ヤシの木
palmë

蚊
mushkonjë

ハエ
mizë

蟻
milingonë

ミツバチ
bletë

クモ
merimangë

カブトムシ

brumbull

蛙

bretkosë

リス

ketër

ハリネズミ

iriq

ウサギ

lepur

フクロウ

buf

鳥

zog

白鳥

mjellmë

雄豚

derr i egër

鹿

dre

ヘラジカ

dre brilopatë

ダム

digë

風力タービン

turbinë ere

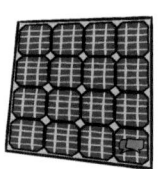

ソーラーパネル

panel diellor

気候

klimë

レストラン
restorant

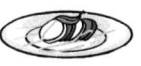

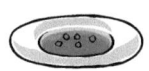

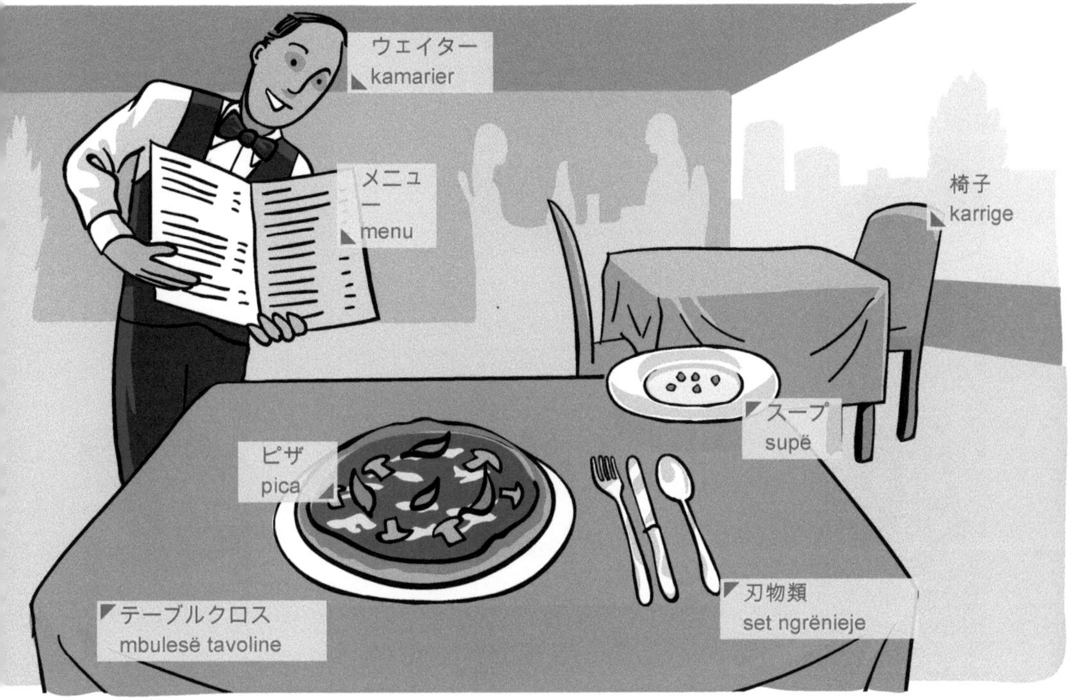
ウェイター
kamarier
メニュー
menu
椅子
karrige
スープ
supë
ピザ
pica
刃物類
set ngrënieje
テーブルクロス
mbulesë tavoline

前菜

pjatë e parë

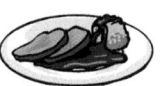

メインコース

pjatë kryesore

デザート

ëmbëlsirë

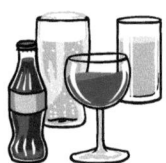

飲み物

pije

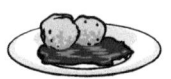

食べ物

ushqim

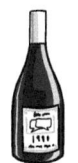

ボトル

shishe

ファストフード

ushqim i shpejtë

屋台の食べ物

ushqim i shërbyer në rrugë

ティーポット

ibrik çaji

砂糖入れ

kuti sheqeri

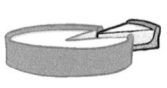

一人前

racion

エスプレッソマシン

makinë kafeje ekspres

幼児用食事椅子

karrige e lartë

請求書

faturë

トレー

tabaka

ナイフ

thika

フォーク

pirun

スプーン

lugë

ティースプーン

lugë çaji

ナプキン

pecetë

グラス

gotë

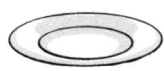

皿

pjatë

スープ皿

pjatë supe

受け皿

pjatë filxhani

ソース

salcë

塩入れ

mbajtëse kripe

ペッパーミル

mulli piperi

酢

uthull

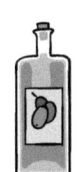

油

vaj

スパイス

erëza

ケチャップ

keçap

マスタード

mustardë

マヨネーズ

majonezë

スーパーマーケット

supermarket

特価品
ofertë speciale
FOR
顧客
klient
乳製品
produkte bulmeti
果物
frut
ショッピング・カート
karrocë pazari

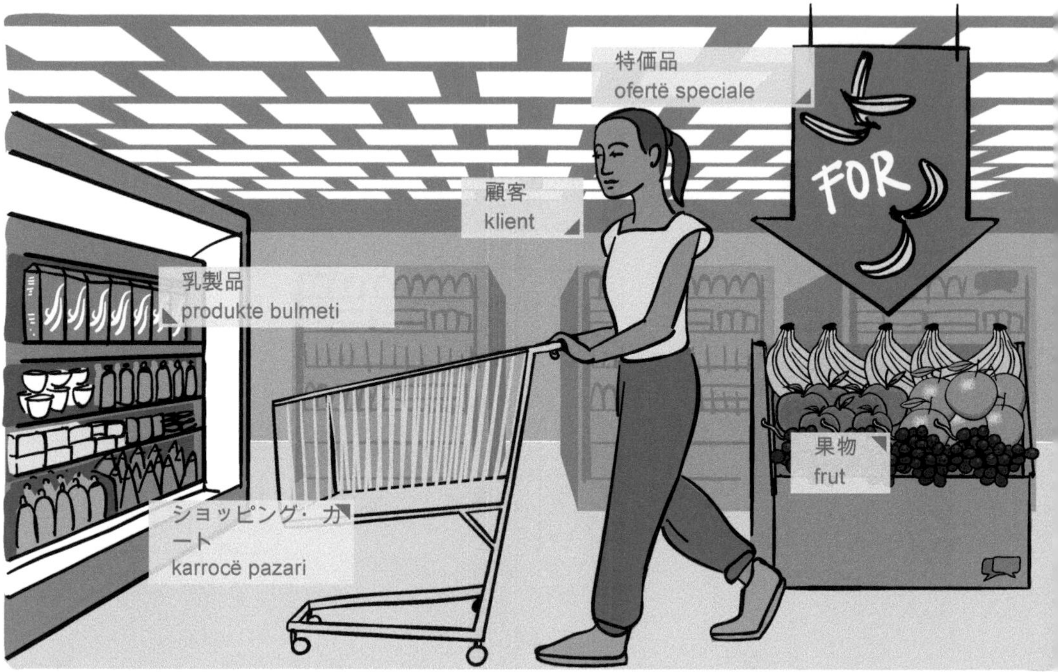

BUTCHERS

肉屋

dyqan mishi

BAKERY

パン屋

furrë buke

重さをはかる

peshoj

野菜

perime

肉

mish

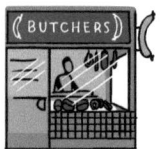

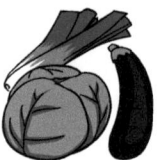

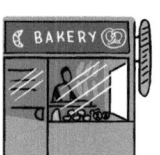

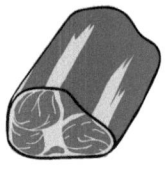

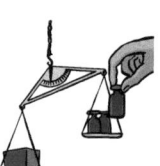

冷凍食品

ushqim i ngrirë

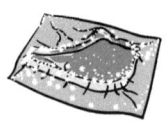

冷肉の薄切り

copë

缶詰食品

ushqim i konservuar

洗剤

pluhur larës

菓子

ëmbëlsirat

家庭用品

prodhime shtëpie

清掃用品

produkte pastrimi

販売員

shitëse

現金箱

kasë fiskale

レジ係

arkëtar

買い物リスト

listë blerjeje

開館時刻

oraret e punës

財布

portofol

クレジットカード

kartë krediti

バッグ

çantë

ポリ袋

qese plastike

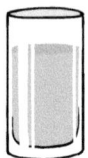

水

ujë

ジュース

lëng frutash

牛乳

qumësht

コーラ

koka-kola

ワイン

verë

ビール

birrë

アルコール

alkool

ココア

kakao

紅茶

çaj

コーヒー

kafe

エスプレッソ

kafe ekspres

カプチーノ

kapuçino

バナナ

banane

リンゴ

mollë

オレンジ

portokalle

メロン

pjepër

レモン

limon

ニンジン

karrotë

ニンニク

hudhër

竹

bambu

玉ねぎ

qepë

キノコ

kërpudha

ナッツ

arra

ヌードル

makarona

スパゲッティ

spageti

米

oriz

サラダ

sallatë

フライドポテト

patate të skuqura

フライドポテト

patate të skuqura

ピザ

pica

ハンバーガー

hamburger

サンドウィッチ

sanduiç

カツレツ

shnicel

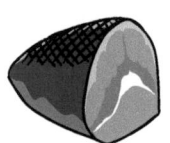

ハム

proshutë

サラミ

sallam

ソーセージ

salçiçe

鶏肉

pulë

焼き

skuq

魚

peshk

麦のお粥

tërshërë

ムーズリ

drithëra

コーンフレーク

kornfleiks

小麦粉

miell

クロワッサン

kruasant

ロールパン

panine

パン

bukë

トースト

tost

ビスケット

biskotë

バター

gjalp

カッテージチーズ

gjizë

ケーキ

tortë

卵

vezë

目玉焼き

vezë sy

チーズ

djathë

アイスクリーム

akullore

砂糖

sheqer

はちみつ

mjaltë

ジャム

marmaladë

ヌガークリーム

çokokrem

カレー

këri

農場

fermë

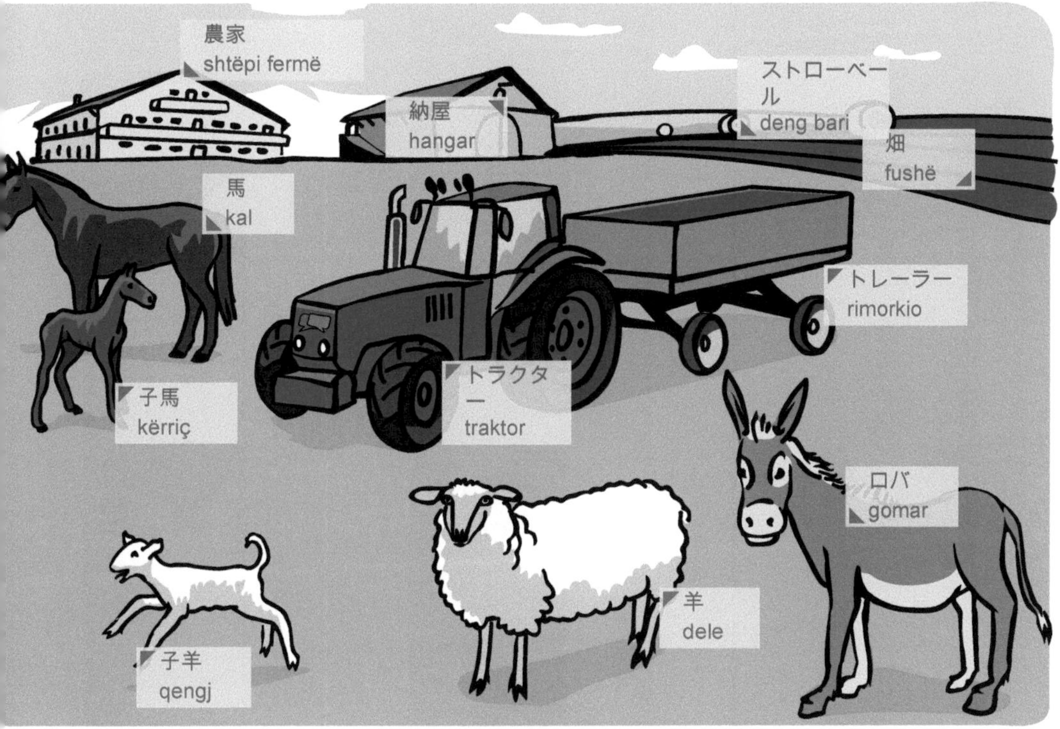

農家
shtëpi fermë
納屋
hangar
ストローベール
deng bari
畑
fushë
馬
kal
トレーラー
rimorkio
子馬
kërriç
トラクター
traktor
ロバ
gomar
羊
dele
子羊
qengj

ヤギ

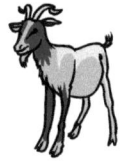

dhi

雌牛

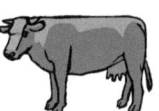

lopë

子牛

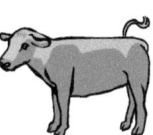

viç

豚

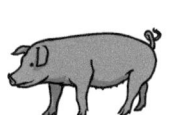

derr

子豚

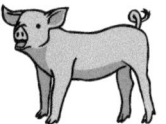

derrkuc

雄牛

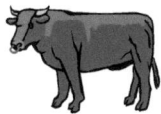

dem

ガチョウ

patë

アヒル

rosë

ひよこ

zog pule

にわとり

pulë

おんどり

gjel

ネズミ

mi

猫

mace

ねずみ

mi

雄牛

buall

犬

qen

犬小屋

kolibe qeni

散水ホース

zorrë vaditëse

じょうろ

vaditëse

大鎌

kosë

すき

plug

草刈り鎌

d101101
drapër

くわ

shat

堆肥用フォーク

kosa

斧

sëpatë

手押し車

karrocë

かいばおけ

govatë

牛乳缶

bidon qumështi

袋

thes

フェンス

gardh

畜舎

ahur

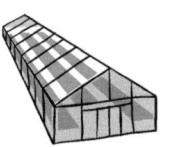

温室

serë

土壌

dhe

種

farë

肥料

pleh

コンバイン

autokombanjë

農場 - fermë

収穫する
korr

収穫
te korrat

ヤマイモ
patate e ëmbël "Yam"

小麦
grurë

大豆
soja

じゃがいも
patate

トウモロコシ
misër

菜種
raps

果樹
pemë frutore

キャッサバ
zhardhok manioku

穀物
drithëra

家

shtëpi

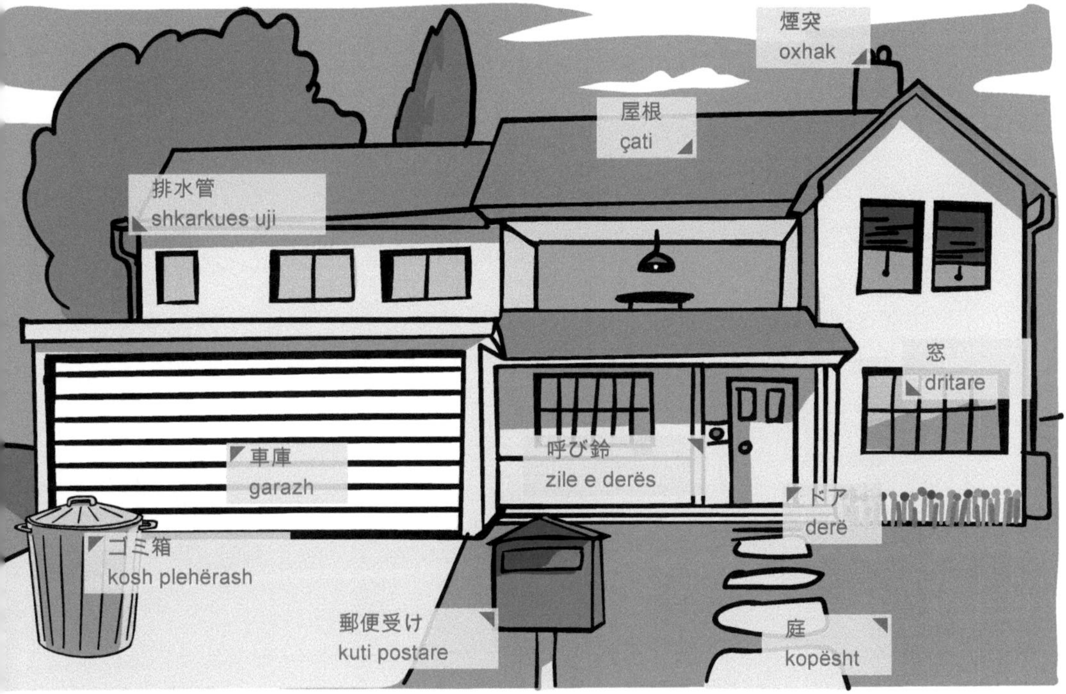

煙突
oxhak
屋根
çati
排水管
shkarkues uji
窓
dritare
車庫
garazh
呼び鈴
zile e derës
ドア
derë
ゴミ箱
kosh plehërash
郵便受け
kuti postare
庭
kopësht

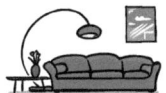

リビングルーム

dhomë ndenjeje

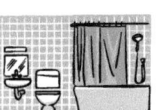

浴室

tualet

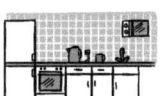

台所

kuzhinë

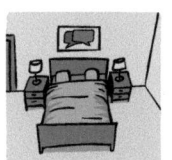

寝室

dhomë gjumi

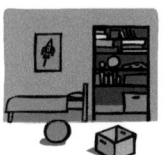

子供部屋

dhomë fëmijësh

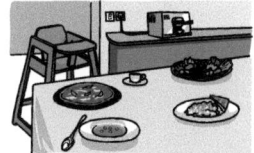

ダイニング・ルーム

dhomë ngrënieje

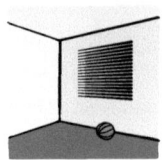

床
dysheme

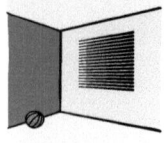

壁
mur

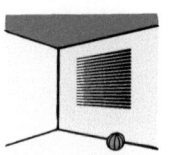

天井
tavan

地下貯蔵庫
bodrum

サウナ
sauna

バルコニー
ballkon

テラス
tarracë

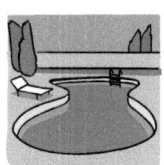

プール
pishinë

芝刈り機
kositëse bari

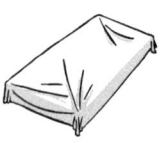

シーツ
çarçaf

ベッドカバー
kuvertë

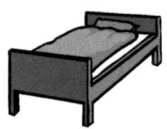

ベッド
krevat

ほうき
fshesë dore

バケツ
kovë

スイッチ
çelës

リビングルーム
dhomë ndenjeje

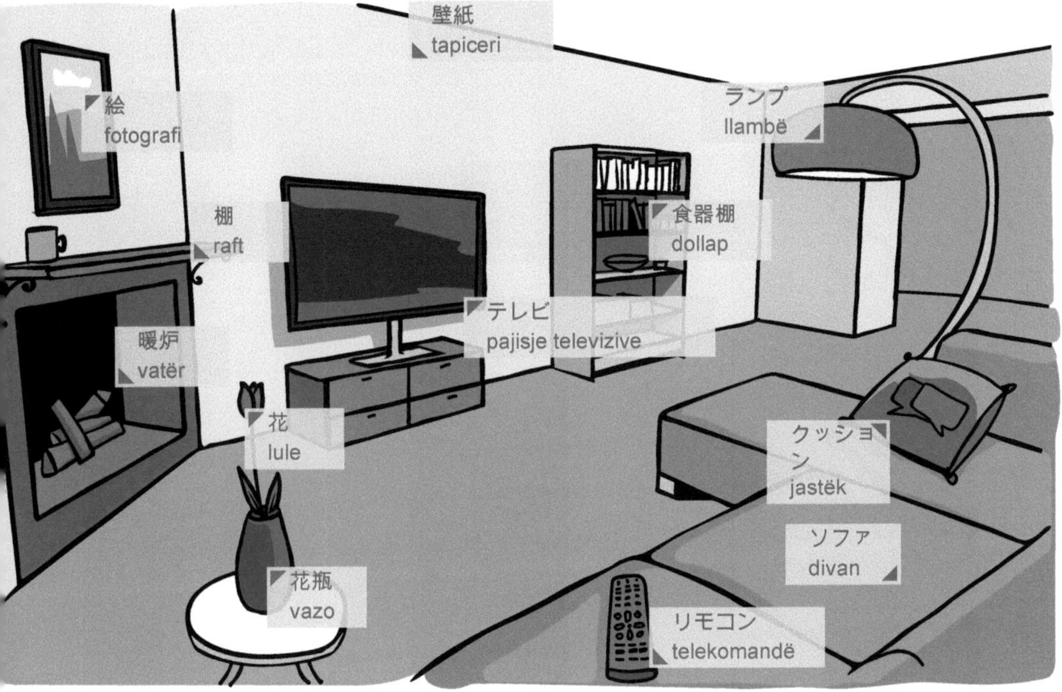
壁紙
tapiceri
絵
fotografi
ランプ
llambë
棚
raft
食器棚
dollap
テレビ
pajisje televizive
暖炉
vatër
花
lule
クッション
jastëk
ソファ
divan
花瓶
vazo
リモコン
telekomandë

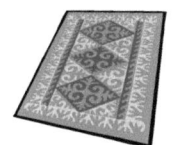

カーペット

qilim

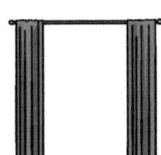

カーテン

perde

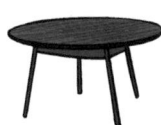

テーブル

tavolinë

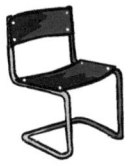

椅子

karrige

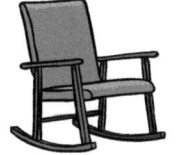

ロッキングチェア

karrige lëkundëse

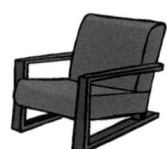

ひじ掛け椅子

kolltuk

本
libri

毛布
batanije

飾り
zbukurime

たきぎ
dru zjarri

映画
film

ステレオ
stereo

鍵
çelës

新聞
gazetë

絵画
pikturë

ポスター
afishe

ラジオ
radio

メモ帳
bllok shënimesh

掃除機
fshesë me korent

サボテン
kaktus

ろうそく
qiri

台所
kuzhinë

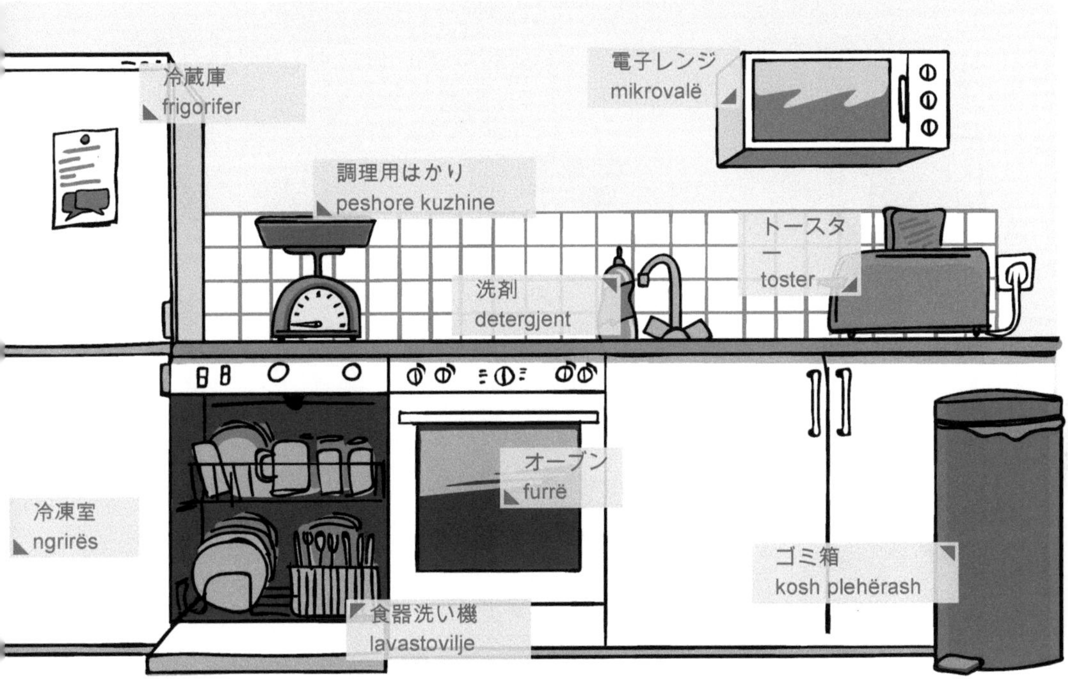

冷蔵庫
frigorifer
電子レンジ
mikrovalë
調理用はかり
peshore kuzhine
トースター
toster
洗剤
detergjent
オーブン
furrë
冷凍室
ngrirës
ゴミ箱
kosh plehërash
食器洗い機
lavastovilje

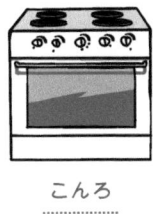

こんろ

sobë

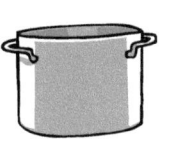

鍋

tenxhere

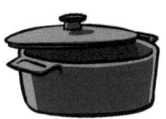

鉄鍋

tenxhere me kapak

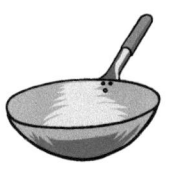

中華鍋/ カダイ鍋

tigan special (Wok)

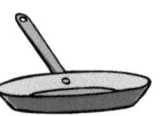

フライパン

tigan

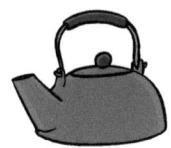

やかん

çajnik

蒸し器

tenxhere me avull

天板

tavë pjekjeje

食器

enë

マグカップ

filxhan

ボウル

tas

箸

shkopinj

おたま

garuzhde

へら

spatul

泡立て器

tel kuzhine

こし器

kulluese

ふるい

sitë

すりおろし器

rende

すり鉢

havan

バーベキュー

skarë

かまど

zjarr

まな板

dërrasë për prerje

麺棒

okllai

栓抜き

heqëse tapash

缶

kanaçe

缶切り

hapëse kanaçeje

鍋つかみ

rrobë për të kapur
tenxheren

流し

lavaman

ブラシ

furçë

スポンジ

sfungjer

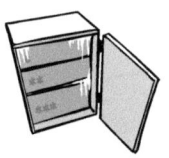

ミキサー

përzjerës

冷凍庫

ngrirës

哺乳瓶

biberon për lëngje

蛇口

rubinet

浴室

tualet

ヒーター
ngrohje
シャワー
dush
タオル
peshqirë
シャワーカーテン
perde dushi
泡風呂
vaskë me shkumë
浴槽
vaskë
グラス
gotë
洗濯機
lavatriçe
蛇口
rubinet
タイル
pllaka
おまる
oturak
流し
lavaman

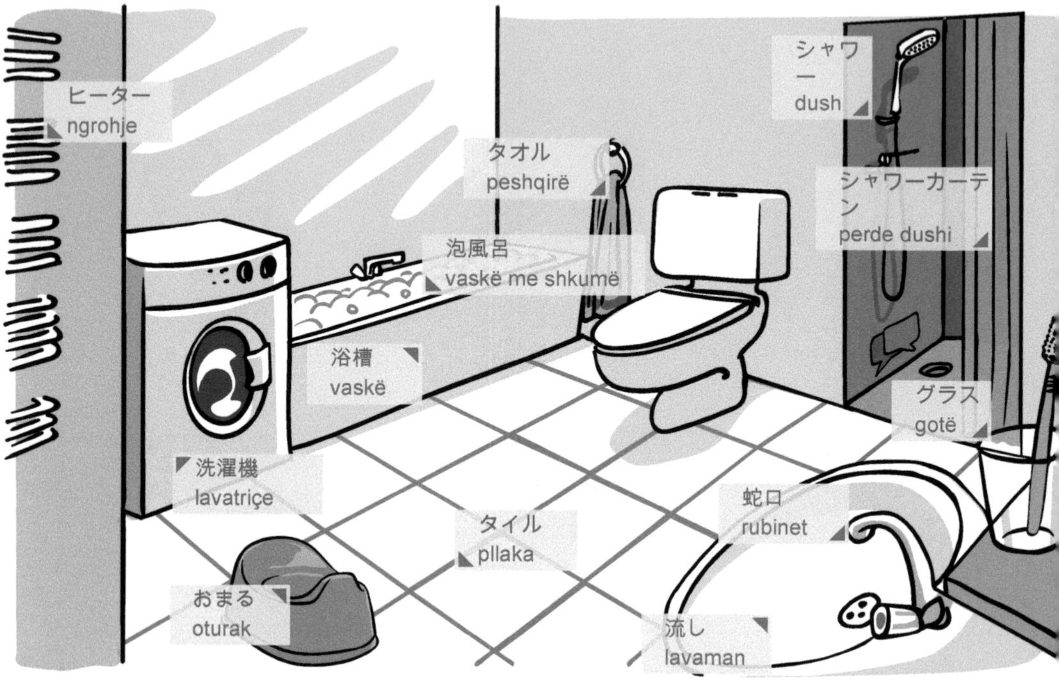

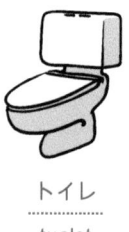

トイレ

tualet

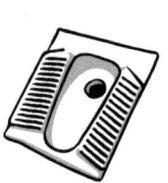

和式トイレ

WC e sheshtë

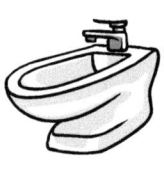

ビデ

bide

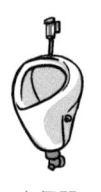

小便器

tualet publik

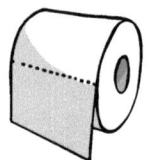

トイレットペーパー

letër higjienike

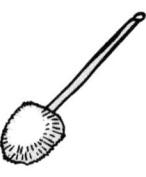

トイレブラシ

furçe për WC

歯ブラシ

furçë dhëmbësh

歯みがき

pastë dhëmbësh

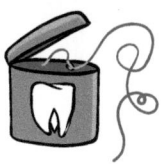

デンタルフロス

fije dentare

洗う

laj

シャワーヘッド

dorezë dushi

ハンドビデ

larës për zonën intime

洗面台

legen

ボディブラシ

furçë për masazh shpine

石鹸

sapun

シャワー用ジェル

shampo trupi

シャンプー

shampo

浴用タオル

leckë pastruese

排水口

kullues

クリーム

krem

消臭

antidjersë

鏡

pasqyrë

手鏡

pasqyrë dore

かみそり

brisk rroje

シェービング・フォーム

shkumë rroje

アフターシェーブローショ

locion pas rrojes

櫛

krehër

ブラシ

furçë

ドライヤー

tharëse flokësh

ヘアスプレー

llak për flokët

化粧

grim

口紅

buzëkuq

マニキュア

manikyr

脱脂綿

mbushje pambuku

爪切り

gërshërë për thonj

香水

parfum

洗面用具入れ

çantë për sendet personale

スツール

Stol

体重計

peshore

バスローブ

robëdëshambër

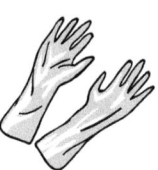

ゴム手袋

dorashka gome

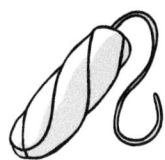

タンポン

tampon

生理用ナプキン

peceta higjienike

ケミカルトイレ

tualet I lëvizshëm

子供部屋

dhomë fëmijësh

目覚まし時計
orë me zile
ぬいぐるみ
lodra me pellushë
おもちゃの自動車
makinë lodër
がらがら
rraketake
ドール・ハウス
shtëpi kukullash
プレゼント
dhuratë

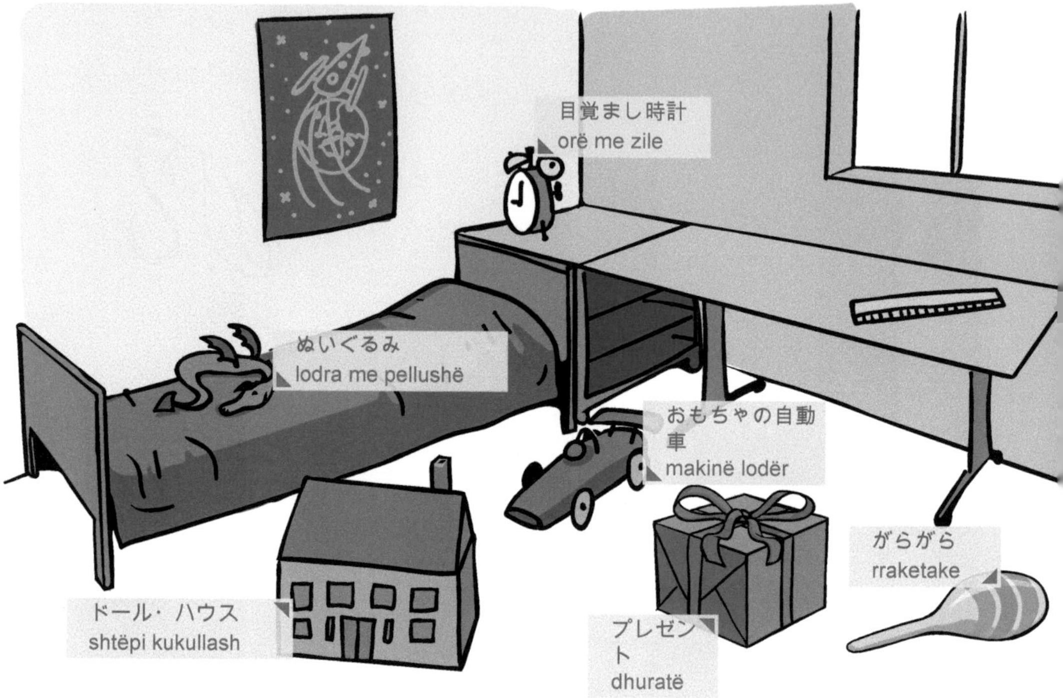

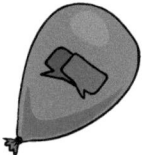

風船

tollumbace

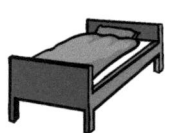

ベッド

krevat

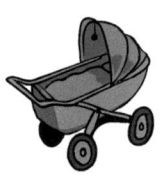

ベビーカー

karrocë fëmijësh

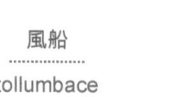

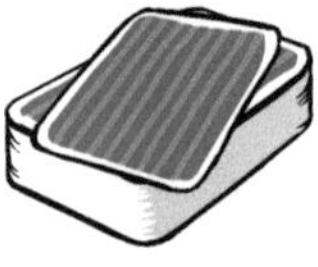

カードゲーム

lojë me letra

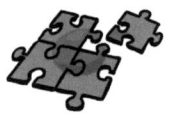

ジグソーパズル

bashkim pjesësh me figura

漫画

komik

レゴ

formuese lodër

玩具ブロック

kuba plastikë

アクションフィギュア

lodra

ロンパース

badi

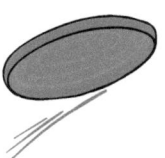

フリスビー

frizbi

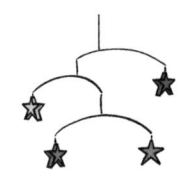

モバイル

lodra të varura tek krevati i fëmijëve

ボードゲーム

tavolinë lojërash

さいころ

zare

鉄道模型

model treni

おしゃぶり

biberon

パーティー

festë

絵本

libër me ilustrime

ボール

top

人形

kukull

遊ぶ

luaj

砂場

grumbull rëre

ブランコ

kolovarëse

おもちゃ

lodra

ゲーム機

leva për lojra video

三輪車

triçikël

テディベア

arush prej pellushi

衣装ダンス

garderobë

衣服

veshje

靴下

çorape

ストッキング

çorape të gjata

タイツ

geta

スカーフ
shall

ベルト
rrip

雨傘
çadër

Tシャツ
bluzë pa jakë

スニーカ
atlete

ブーツ
çizme

スリッパ
pantofla

サンダル
sandale

靴
këpucë

ゴム長靴
çizme llastiku

パンツ
të mbathura

ブラ
reçipeta

ベスト
kanotierë

衣服 - veshje

45

ボディースーツ

trup

ズボン

pantallona

ジーンズ

xhinse

スカート

fund

ブラウス

bluzë

シャツ

këmishë

セーター

pulovër

パーカー

triko

ブレザー

xhaketë

ジャケット

xhaketë

コート

pallto

レインコート

mushama shiu

服装

kostum

ドレス

fustan

ウェディングドレス

fustan nusërie

スーツ

kostum

ナイトガウン

këmishë nate

パジャマ

pizhama

サリー

sari (veshje tradicionale
indiane)

ヘッドスカーフ

shami koke

ターバン

çallmë

ブルカ

veshje për femrat e besimit
musliman

カフタン

kaftan (lloj veshjeje
tradicionale)

アバヤ

ferexhe

水着

kostum banje

トランクス

rroba banje

半ズボン

pantallona të shkurtra

スウェットスーツ

tuta sporti

エプロン

përparëse

手袋

dorashka

ボタン
kopsë

メガネ
syze

ブレスレット
byzylyk

ネックレス
gjerdan

指輪
unazë

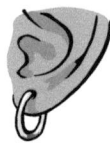

イヤリング
vath

帽子
kapuç

ハンガー
varëse për pallto

帽子
kapele

ネクタイ
kravatë

ファスナー
zinxhir

ヘルメット
helmetë

サスペンダー
tiranda

制服
uniformë shkolle

ユニフォーム
uniformë

よだれかけ
gushore

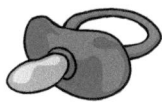

おしゃぶり
biberon

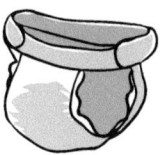

おむつ
pelenë

オフィス
zyrë

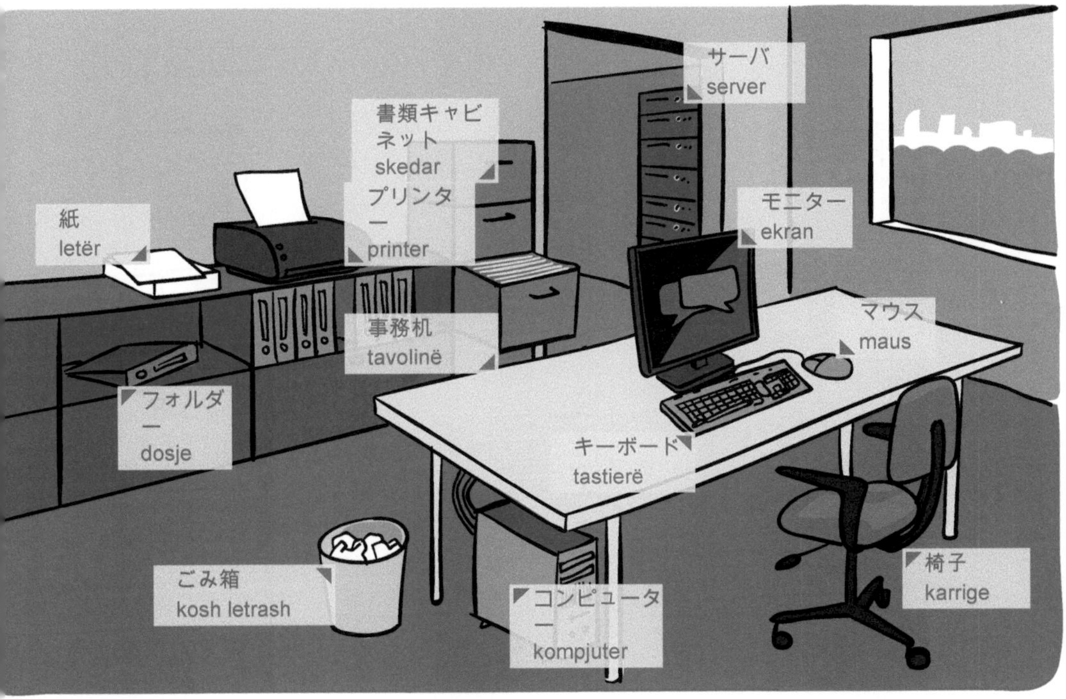

サーバ
server

書類キャビネット
skedar

プリンター
printer

紙
letër

モニター
ekran

マウス
maus

事務机
tavolinë

フォルダー
dosje

キーボード
tastierë

ごみ箱
kosh letrash

コンピューター
kompjuter

椅子
karrige

コーヒーマグ
filxhan kafeje

計算機
makinë llogaritëse

インターネット
internet

ラップトップ

kompjuter portativ

手紙

letër

メッセージ

mesazh

携帯電話

telefon

ネットワーク

rrjet

コピー機

fotokopje

ソフトウェア

program

電話

telefon

コンセント

prizë

ファックス

pajisje faksi

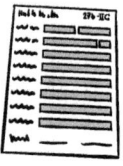

フォーム

formular

書類

dokument

買う

blej

支払う

paguaj

取引する

tregtoj

お金

para

ドル

dollar

ユーロ

euro

円

jen

ルーブル

rubla

スイスフラン

franga zvicerane

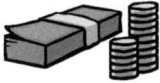

人民元

juani kinez

ルピー

rupje

キャッシュポイント

bankomat

両替所

pikë këmbimi valutor

金

ar

銀

argjend

油

nafta

エネルギー

energji

価格

çmim

契約

kontratë

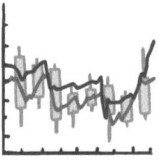

税金

taksë

株

aksione

働く

punoj

従業員

punonjës

雇用主

punëdhënës

工場

fabrikë

ショップ

dyqan

警察官
oficer policie

消防士
zjarrfikës

コック
kuzhinier

医師
mjek

パイロット
pilot

庭師

kopshtar

大工

marangoz

お針子

rrobaqepëse

裁判官

gjykatës

化学者

kimist

俳優

aktor

バスの運転手

shofer autobuzi

タクシー運転手

taksist

漁師

peshkatar

掃除婦

pastruese

屋根ふき職人

riparues çatish

ウェイター

kamarier

ハンター

gjuetar

塗装工

piktor

パン屋

furrxhi

電気工

elektriçist

建設作業員

ndërtues

エンジニア

inxhinier

肉屋

kasap

配管工

hidraulik

郵便配達人

postieri

軍人

ushtar

建築家

arkitekt

レジ係

arkëtar

花屋

luleshitës

美容師

berber

車掌

kontrollor

機械工

mekanik

キャプテン

kapiten

歯科医

dentist

科学者

shkencëtar

ラビ

rabin

イスラム導師

imam

修道士

murg

牧師

klerik

道具

mjete

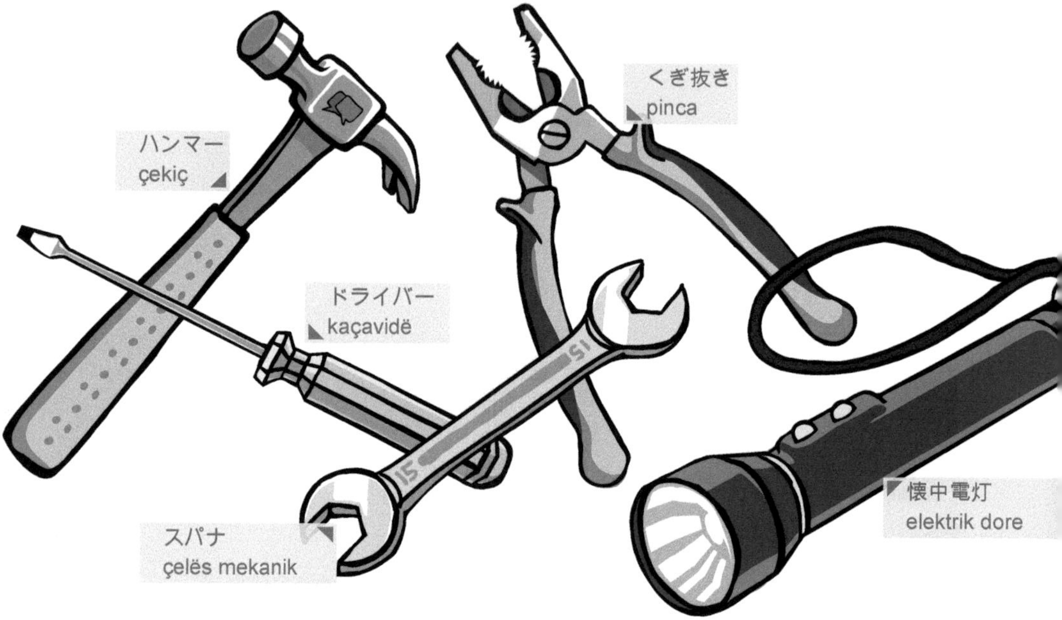
ハンマー
çekiç
くぎ抜き
pinca
ドライバー
kaçavidë
スパナ
çelës mekanik
懐中電灯
elektrik dore

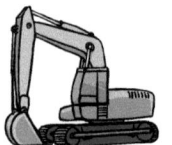

掘削機

ekskavator

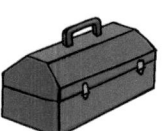

道具箱

kuti veglash

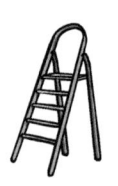

はしご

shkallë

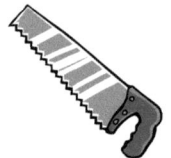

のこぎり

sharrë

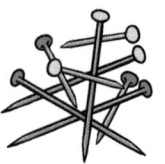

釘

gozhdë

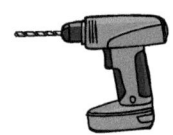

ドリル

trapan

修理する

riparoj

シャベル

lopatë

クソ！

Dreq!

ちりとり

kaci

ペンキ缶

kuti boje

ネジ

vidhë

楽器

instrumenta muzikorë

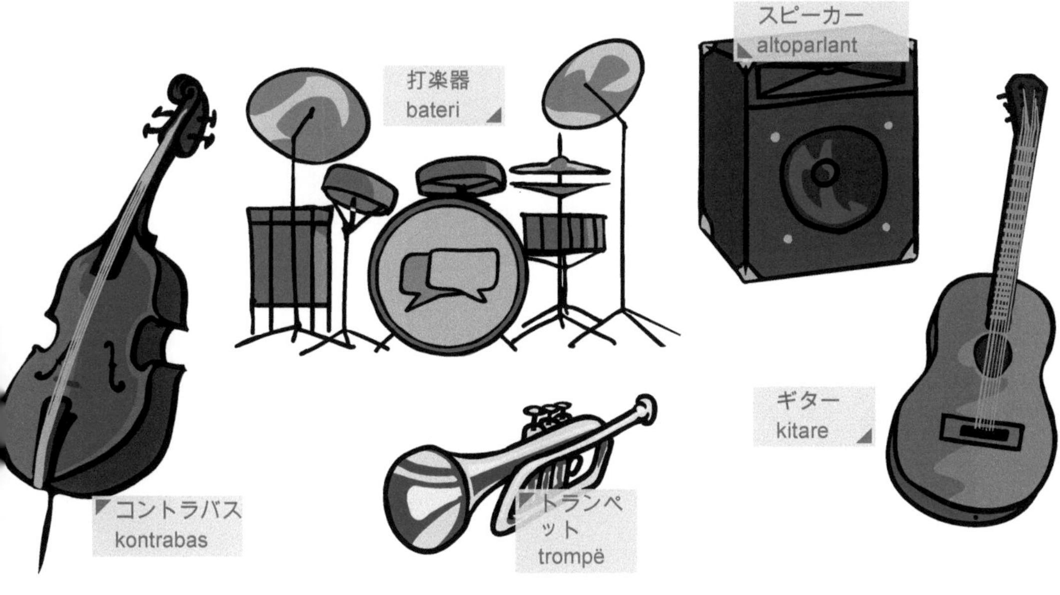

打楽器
bateri

スピーカー
altoparlant

ギター
kitare

▼コントラバス
kontrabas

トランペット
trompë

ピアノ

piano

バイオリン

violinë

バス

bas

ティンパニ

tamburë

ドラム

daulle

キーボード

tastierë pianoje

サックス

saksofon

フルート

flaut

マイクロフォン

mikrofon

動物園

kopsht zoologjik

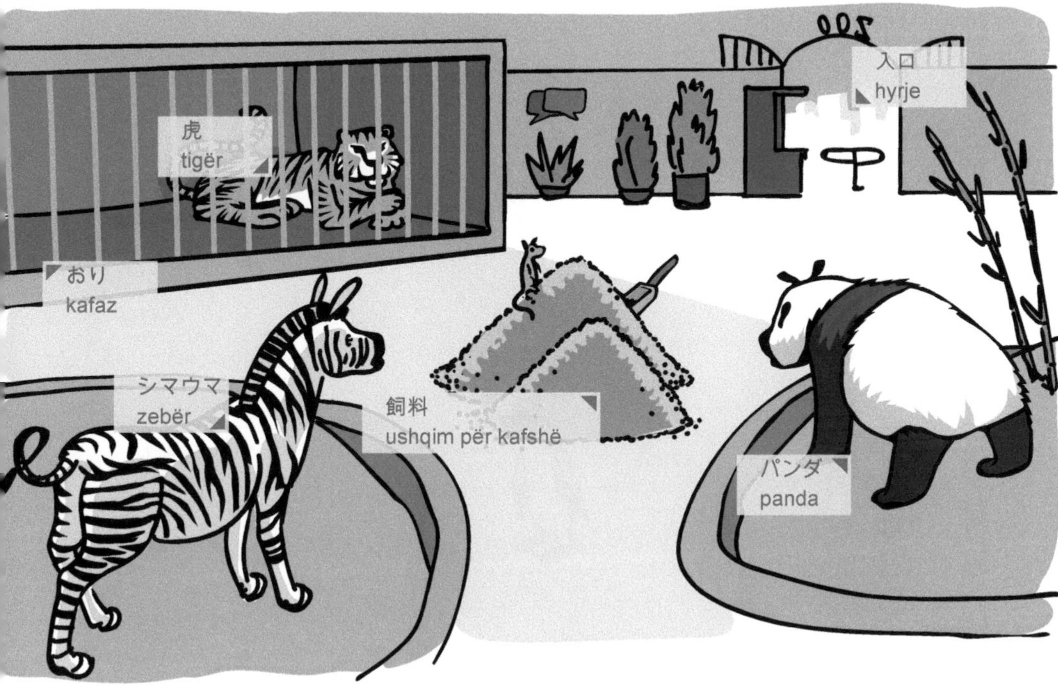

虎
tigër
入口
hyrje
おり
kafaz
シマウマ
zebër
飼料
ushqim për kafshë
パンダ
panda

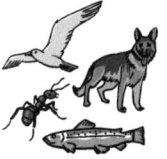

動物

kafshë

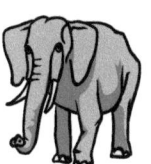

象

elefant

カンガルー

kangur

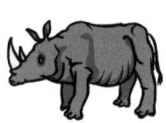

サイ

rinoceront

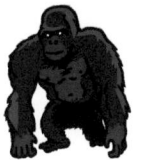

ゴリラ

gorillë

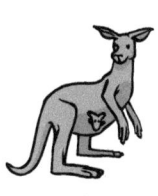

熊

ari

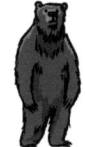

ラクダ

deve

ダチョウ

struc

ライオン

luan

猿

majmun

フラミンゴ

flamingo

オウム

papagall

白クマ

ari polar

ペンギン

pinguin

サメ

peshkaqen

クジャク

pallua

蛇

gjarpër

ワニ

krokodil

飼育係

punonjës i kopshtit zoologjik

アザラシ

fokë

ジャガー

xhaguar

ポニー

poni

ヒョウ

leopard

カバ

hipopotam

キリン

gjirafë

鷲

shqiponjë

雄豚

derr i egër

魚

peshk

亀

breshkë

セイウチ

lopë deti

狐

dhelpër

ガゼル

gazelë

動物園 - kopsht zoologjik

アメフト
futboll amerikan

サイクリング
çiklizëm

テニス
tenis

バスケットボール
basketboll

水泳
not

ボクシング
boks

アイスホッケー
hokej mbi akull

サッカー
futboll

バドミントン
badminton

陸上競技
atletikë

ハンドボール
hendboll

スキー
ski

ポロ
polo

笑う
qesh

跳ぶ
hidhem

抱きしめる
përqafoj

歩く
eci

歌う
këndoj

夢見る
ëndërroj

祈る
lutem

キス
puth

書く
shkruaj

描く
vizatoj

示す
tregoj

押す
shtyj

与える
jap

取る
marr

活動 - aktivitet

63

持っている
kam

する
bëj

ある
jam

立つ
qëndroj

走る
vrapoj

引く
tërheq

投げる
hedh

落ちる
bie

横たわっている
shtrihem

待つ
pres

運ぶ
mbaj

座る
ulem

着る
vishem

眠る
fle

目が覚める
zgjohem

見る
shikoj

泣く
qaj

なでる
përkëdhel

櫛ですく
kreh

話す
bisedoj

理解する
kuptoj

質問する
kërkoj

聞く
dëgjoj

飲む
pi

食べる
ha

片づける
sistemoj

愛する
dashuroj

料理する
gatuaj

運転する
drejtoj makinën

飛ぶ
fluturoj

活動 - aktivitet

ヨットに乗る

lundroj

計算する

llogaris

読む

lexoj

学ぶ

mësoj

働く

punoj

結婚する

martohem

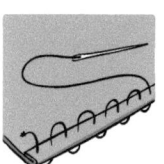

縫う

qep

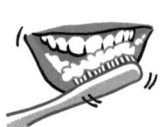

歯を磨く

laj dhëmbët

殺す

vras

喫煙する

tymos

送る

dërgoj

祖母
gjyshe

祖父
gjysh

父
baba

母
nënë

赤ん坊
bebe

娘
vajzë

息子
djalë

お客様

mysafir

おば

teze, hallë

おじ

dajë, xhaxha

兄弟

vëlla

姉妹

motër

体

trupi

ひたい
balli
目
syri
肩
shpatulla
指
gishti
顔
fytyra
あご
mjekra
手
dora
胸
krahërori
脚
këmba
腕
krahu

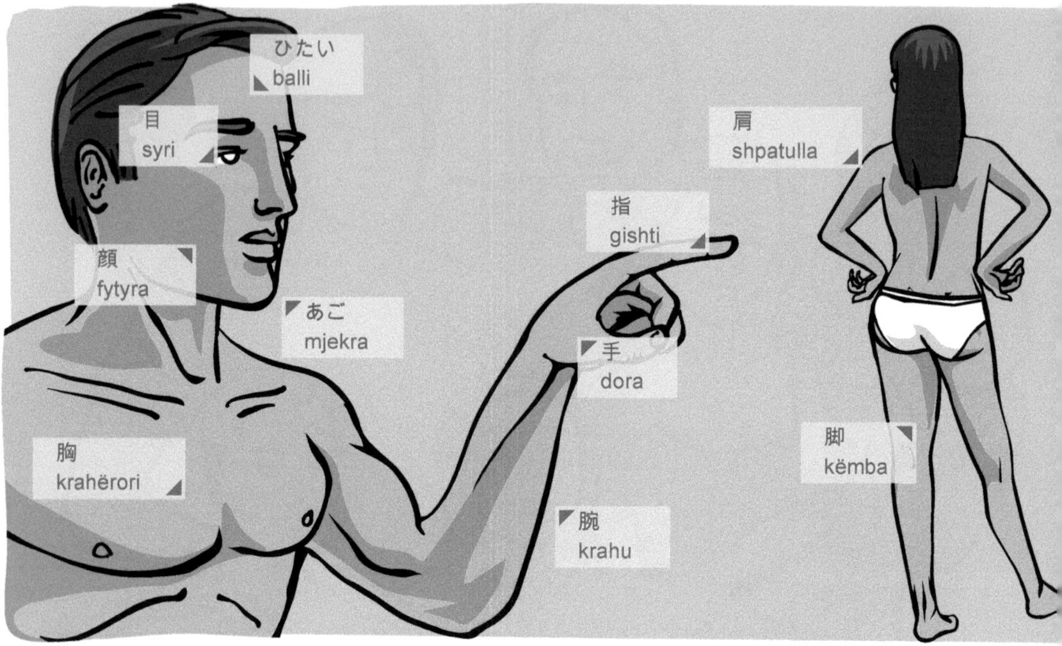

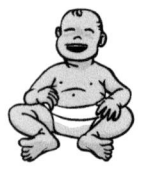

赤ん坊

bebe

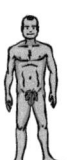

男性

burrë

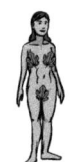

女性

grua

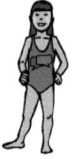

少女

vajzë

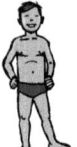

少年

djalë

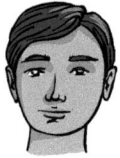

頭

koka

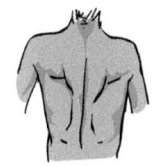

背中
shpina

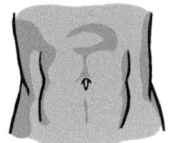

腹
barku

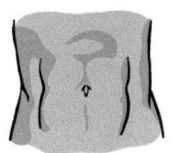

へそ
kërthiza

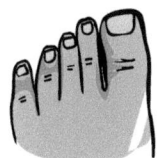

足指
gisht këmbe

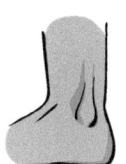

かかと
Thembra

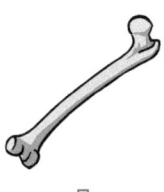

骨
kockë

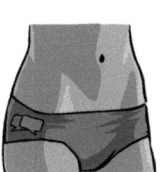

腰
legeni

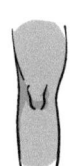

ひざ
gjuri

ひじ
bërryli

鼻
hunda

尻
vithe

皮膚
lëkura

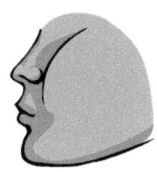

頬
faqja

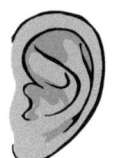

耳
veshi

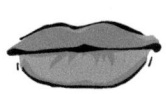

唇
buza

口

goja

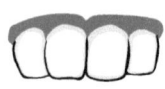

歯

dhëmbët

舌

gjuha

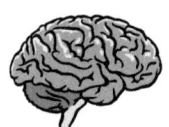

脳

truri

心臓

zemra

筋肉

muskul

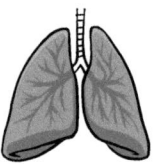

肺

mushkëria

肝臓

mëlçia

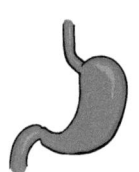

胃

stomaku

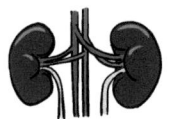

腎臓

veshka

セックス

seks

コンドーム

prezervativ

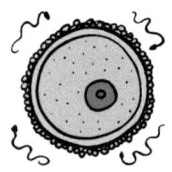

卵細胞

veza

精液

sperma

妊娠

shtatëzani

体 - trupi

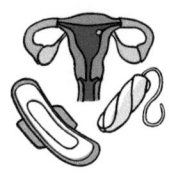

月経

menstruacione

膣

vagina

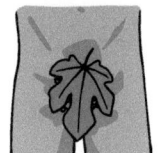

ペニス

penis

眉

vetulla

髪

flokët

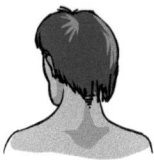

首

qafa

病院

spital

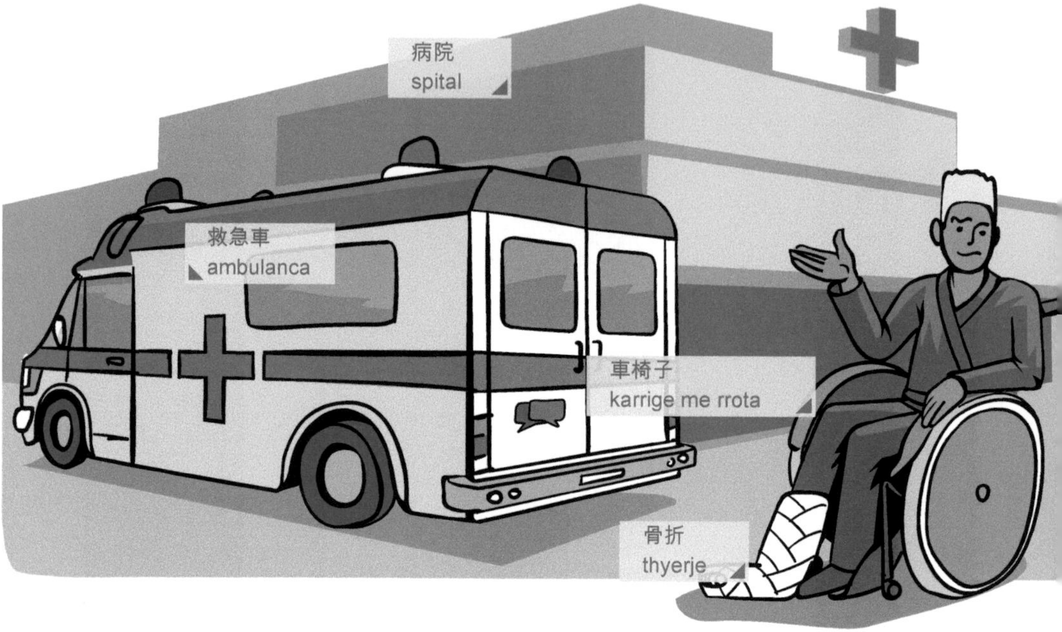

病院
spital
救急車
ambulanca
車椅子
karrige me rrota
骨折
thyerje

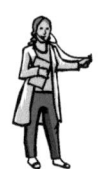

医師

mjek

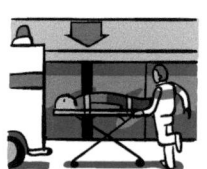

救急治療室

sallë urgjencash

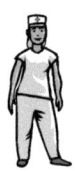

看護師

infermiere

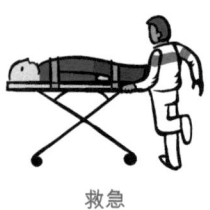

救急

emergjencë

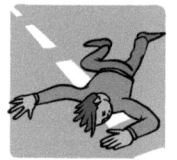

失神

i pandërgjegjshëm

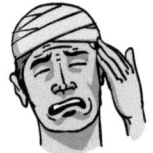

痛み

dhimbje

けが

dëmtim

出血

gjakosje

心臓発作

infarkt

脳卒中

goditje

アレルギー

alergji

咳

kolla

熱

ethe

インフルエンザ

grip

下痢

diarre

頭痛

dhimbje koke

癌

kancer

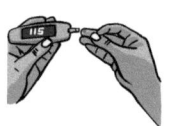

糖尿病

diabet

外科医

kirurg

外科用メス

bisturi

手術

operacion

CT

CT (skaner)

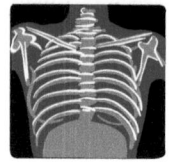

レントゲン

radiografi

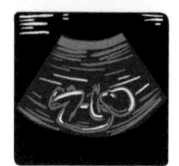

超音波

ultratingull

マスク

maskë fytyre

病気

sëmundje

待合室

dhomë pritjeje

松葉づえ

paterica

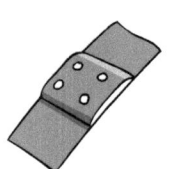

ばんそうこう

leukoplast

包帯

fasho

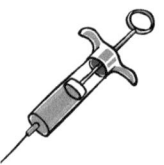

注射

injeksion

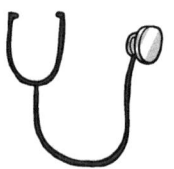

聴診器

stetoskop

担架

barelë

体温計

termometër

出産

lindje

肥満

mbipeshë

補聴器

aparat dëgjimi

消毒剤

dezinfektant

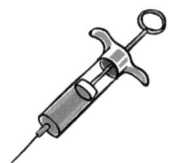

ウィルス

virus

予防接種

vaksinim

感染

infeksion

HIV / エイズ

HIV / AIDS

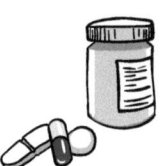

錠剤

tableta

緊急電話

telefonatë emergjence

内服薬

mjekësi, mjekim

ピル

pilulë

血圧計

aparat tensioni

病気の ／ 健康な

i sëmurë / i shëndetshëm

病院 - spital

助けて！

Ndihmë!

アラーム

alarm

暴行

sulm

攻撃

atak

危険

rrezik

非常口

dalje emergjence

火事だ！

Zjarr!

消火器

fikëse zjarri

事故

aksident

救急箱

kuti e ndimës së shpejtë

SOS

SOS

警察

policia

ヨーロッパ

Europa

北米

Amerika e Veriut

南米

Amerika e Jugut

アフリカ

Afrika

アジア

Azia

オーストラリア

Australia

大西洋

Atlantiku

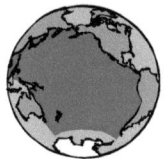

太平洋

Paqësori

インド洋

Oqeani Indian

南極海

Oqeani Antarktik

北極海

Oqeani Arktik

北極

Poli i veriut

南極

Poli i Jugut

南極大陸

Antarktida

地球

toka

陸

tokë

海

det

島

ishull

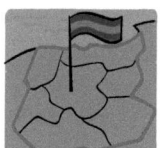

国家

komb

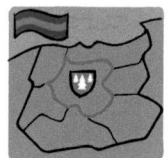

国家

shtet

文字盤

fusha e orës

短針

akrepi i orës

長針

akrepi i minutave

秒針

akrepi i sekondave

何時ですか？

Sa është ora?

日

ditë

時間

kohë

現在

tani

デジタル時計

orë dixhitale

分

minutë

時間

orë

週

javë

月曜 e hënë MO

水曜 e mërkurë W

金曜 e premte FR

火曜 e martë TU

土曜 e shtunë TH

木曜 e enjte

SA

日曜 e diel SO

昨日
dje

今日
sot

明日
nesër

朝
mëngjes

昼
mesditë

夜
mbrëmje

MO	TU	WE	TH	FR	SA	SU
1	2	3	4	5	6	7
8	9	10	11	12	13	14
15	16	17	18	19	20	21
22	23	24	25	26	27	28
29	30	31	1	2	3	4

営業日
ditë pune

MO	TU	WE	TH	FR	SA	SU
1	2	3	4	5	6	7
8	9	10	11	12	13	14
15	16	17	18	19	20	21
22	23	24	25	26	27	28
29	30	31	1	2	3	4

週末
fundjavë

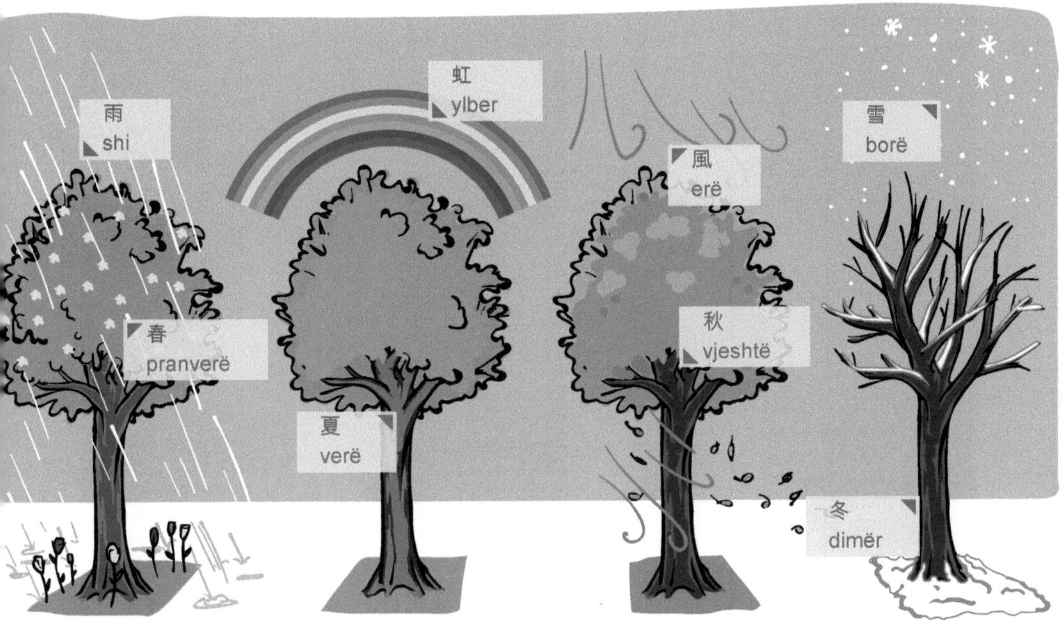

雨
shi

虹
ylber

風
erë

雪
borë

春
pranverë

秋
vjeshtë

夏
verë

冬
dimër

天気予報

parashikimi i motit

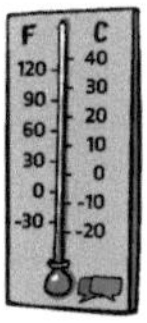

温度計

termometër

日差し

ndriçim dielli

雲

re

霧

mjegull

湿度

lagështi

雷

vetëtima

雷

gjëmim

嵐

stuhi

ひょう

breshër

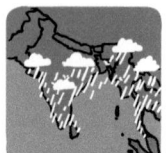

季節風

muson

洪水

përmbytje

氷

akull

1月

janar

2月

shkurt

3月

mars

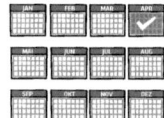

4月

prill

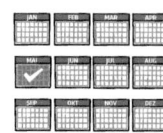

5月

maj

6月

qershor

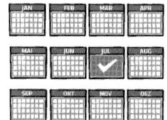

7月

korrik

8月

gusht

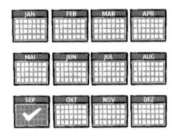

9月
....
shtator

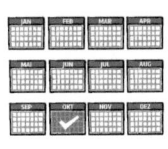

10月
....
tetor

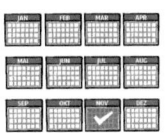

11月
....
nëntor

12月
....
dhjetor

形

forma

円
....
rreth

正方形
....
katror

長方形
....
drejtkëndësh

三角
....
trekëndësh

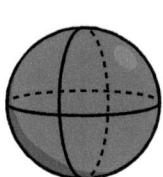

球
....
sferë

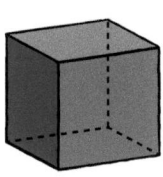

立方体
....
kub

白

e bardhë

黄

e verdhë

オレンジ

portokalli

ピンク

rozë

赤

e kuqe

紫

vjollcë

青

blu

緑

e gjelbër

茶

kafe

灰色

gri

黒

e zezë

多い　/　少ない

shumë / pak

怒っている /
落ち着いでいる
i nevrikosur / i qetë

美しい　/　醜い

i bukur / i shëmtuar

初め　/　終わり

fillim / fund

大きい　/　小さい

i madh / i vogël

明るい　/　暗い

i ndritshëm / i errët

兄弟　/　姉妹

vëlla / motër

清潔な / 汚い

e pastër / e pistë

完全な　/　不完全な

e plotë / jo e plotë

日中　/　夜

ditë / natë

死んだ　/　生きている

gjallë / vdekur

幅広い　/　狭い

i gjerë / i ngushtë

食べられる /
食べられない
i ngrënshëm / i
pangrënshëm

悪意のある / 親切な
i keq / i këndshëm

興奮している /
退屈じている
i lumtur / i mërzitur

太った / 痩せた
i shëndoshë / i dobët

最初に / 最後に
e para / e fundit

友人 / 敵
mik / armik

いっぱいの / 空の
plot / bosh

硬い / 柔らかい
e fortë / e butë

重い / 軽い
e rëndë / e lehtë

空腹 / 喉の渇き
uri / etje

病気の / 健康な
i sëmurë / i shëndetshëm

違法な / 合法な
e paligjshme / e ligjshme

賢い / 愚かな
i zgjuar / budalla

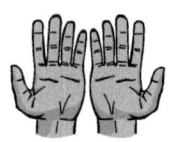

左に / 右に
majtas / djathtas

近い / 遠い
afër / larg

新しい / 中古の
e re / e përdorur

何もない / 何かある
asgjë / diçka

老いた / 若い
i moshuar / i ri

オン / オフ
ndezur / fikur

開いている /
閉まっている
hapur / mbyllur

静かな / うるさい
i qetë / i zhurmshëm

裕福な / 貧乏な
i pasur / i varfër

正しい / 間違っている
e drejtë / e gabuar

粗い / なめらか
i ashpër / i butë

悲しい / 幸せな
i mërzitur / i lumtur

短い / 長い
i shkurtër / i gjatë

ゆっくり / 速い
ngadalë / shpejt

濡れた / 乾いた
i lagësht / i thatë

温かい / 冷たい
ngrohtë / freskët

戦争 / 平和
luftë / paqe

0

ゼロ

zero

1

1

një

2

2

dy

3

3

tre

4

4

katër

5

5

pesë

6

6

gjashtë

7

7

shtatë

8

8

tetë

9

9

nentë

10

10

dhjetë

11

11

njëmbëdhjetë

12

12

dymbëdhjetë

13

13

trembëdhjetë

14

14

katërmbëdhjetë

15

15

pesëmbëdhjetë

16

16

gjashtëmbëdhjetë

17

17

shtatëmbëdhjetë

18

18

tetëmbëdhjetë

19

19

nentëmbëdhjetë

20

20

njëzetë

100

100

qind

1.000

1000

mijë

1.000.000

100万

milion

数 - numra

89

英語

anglisht

アメリカ英語

anglishte amerikane

中国標準語

kinezisht mandarin

ヒンディー語

hindi

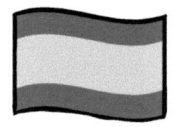

スペイン語

spanjisht

フランス語

frëngjisht

アラビア語

arabisht

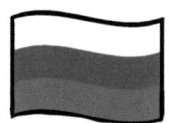

ロシア語

rusisht

ポルトガル語

portugalisht

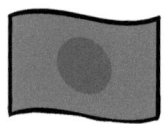

ベンガル語

bengalisht

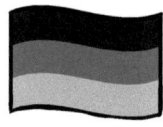

ドイツ語

gjermanisht

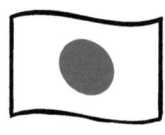

日本語

japonisht

私
une

あなた
ti

彼 / 彼女 / それ
ai / ajo

私たち
ne

あなたたち
ju

彼ら
ata

誰？
kush?

何？
çfarë?

どうやって？
si?

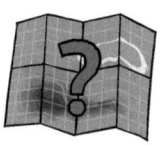

どこ？
ku?

いつ？
kur?

名前
emër

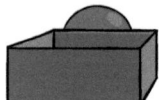

後ろ

pas

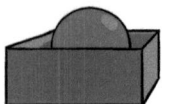

中

në

前

përballë

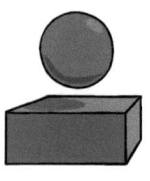

上

sipër

上

mbi

下

poshtë

横

pranë

間

midis

場所

vend